Début d'une série de documents
en couleur

VOYAGE DANS L'AURÈS

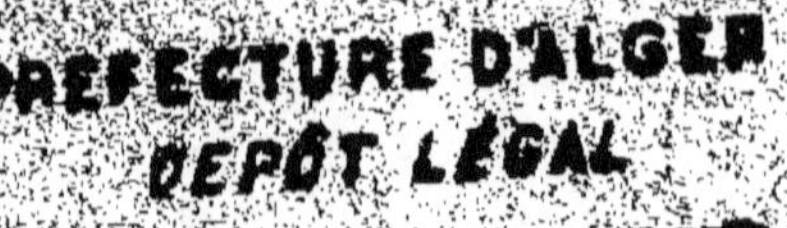

NOTES D'UN MÉDECIN

ENVOYÉ EN MISSION

CHEZ LES FEMMES ARABES

DOCTEUR DOROTHÉE CHELLIER

Ancien aide d'anatomie à l'École d'Alger

Tizi-Ouzou. — Imp. Nouvelle I. CHELLIER. — Tizi-Ouzou
— 1895

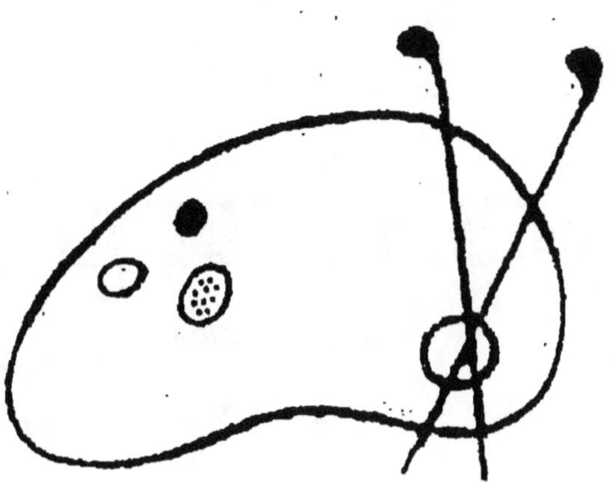

Fin d'une série de documents
en couleur

VOYAGE DANS L'AURÈS

NOTES D'UN MÉDECIN

ENVOYÉ EN MISSION

CHEZ LES FEMMES ARABES

DOCTEUR Dorothée CHELLIER

Ancien aide d'anatomie à l'École d'Alger.

Tizi-Ouzou. — Imp. Nouvelle J. CHELLIER. — Tizi-Ouzou

— 1895 —

On trouvera dans le travail qui va suivre le compte rendu fidèle d'une série d'observations recueillies au cours de la mission qui m'a été confiée par Monsieur Cambon, Gouverneur général de l'Algérie.

Ce haut fonctionnaire apporte, on le sait une sollicitude particulière à l'étude des problèmes qui se rattachent à la question indigène.

Il a étudié les moyens à employer pour améliorer le sort de la population arabe et l'une des innovations qu'il préconise à cet égard est la création d'hôpitaux de campagne établis dans les régions éloignées (Kabylie, M'zab, Aurès).

L'Aurès semble avoir attiré spécialement son attention, et l'on ne saurait s'en étonner si l'on considère que cette région sollicite à la fois l'intérêt par les richesses naturelles de son sol et les qualités propres aux Chaouïas qui l'habitent.

Il m'apparaît comme évident, après le voyage que je viens de faire, que ces indigènes se distinguent des autres tribus algériennes par une intelligence plus saine et plus pratique, et qu'ils présentent à un haut degré les caractères de perfectibilité qui font très souvent défaut à leurs congénères.

Ce qui m'a frappée surtout au cours de ma mission, c'est l'empressement des malades à venir solliciter mes soins, la confiance complète dans le traitement institué, l'influence rapide que j'aurais pu acquérir sur leur esprit.

On n'ignore pas que depuis la conquête de l'Algérie nos efforts, pour nous assimiler les Arabes, sont restés à peu près stériles.

Les flatteries, les rigueurs n'ont abouti à aucun résultat sérieux. L'Arabe demeure réfractaire à toutes les tentatives de civilisation.

Etant d'origine algérienne, et connaissant les mœurs

du pays, je m'étais souvent demandé si la non pos-
sibilité de pénétrer dans le gynécée n'était pas une
des causes pour lesquelles l'assimilation était restée
jusqu'ici impossible.

Je m'étais demandé encore si une femme médecin ne
pourrait pas faire quelque chose d'utile en facilitant
l'introduction de nos idées dans ce milieu si obstiné-
ment, si volontairement éloigné de nous.

Je savais que M. Cambon cherchait à utiliser les
médecins, non seulement pour apporter aux indigènes
le secours de soins éclairés et détruire l'influence des
toubibs qui exploitent si indignement la crédulité
de leurs coreligionnaires, mais encore pour hâter
l'œuvre d'assimilation.

Tout récemment il avait présenté au Conseil supérieur de l'Algérie un plan d'ensemble dont voici les
principales lignes :

Création d'un corps médical composé d'indigènes
auxquels on demanderait deux années d'études portant
sur les questions élémentaires et pratiques de la médecine. Ces études achevées, ces médecins seraient
désignés pour exercer dans une région déterminée.
En dehors de cette région, l'exercice de la médecine
leur serait interdit.

Soumis à Paris, au Conseil supérieur d'hygiène, ce
projet a été sanctionné.

La question de surveillance de ce nouveau corps
médical n'est pas définitivement résolue ; elle ne saurait
tarder à l'être ; le projet répond à une utilité trop im-
médiate pour que son application soit différée.

Connaissant toutes ces choses et désirant compléter
les observations que j'avais déjà faites sur les coutumes
indigènes, je demandais à M. le Gouverneur général
de bien vouloir me confier une mission dans une
région éloignée.

M. Cambon, avec sa générosité habituelle et son
désir de connaître les moindres détails de la vie indigène, me désigna l'Aurès pour aller étudier les pra-

tiques de l'accouchement, de l'avortement et la fréquence des maladies utérines.

J'allais donc pouvoir me rendre compte de l'utilité de la femme médecin dans des tribus éloignées, encore sauvages, et apprécier si elle pourrait y rendre les mêmes services que chez l'arabe des villes.

Comme on le verra dans le récit de mon voyage, la femme chaouïa est plus accessible que la femme arabe ; elle n'est pas voilée et ne se cache pas aux regards des hommes ; mais, comme partout ailleurs elle se refuserait à accepter les soins d'un médecin qui ne serait pas de son sexe, que le praticien soit musulman ou chrétien, tandis qu'elle se livre et donne une entière confiance à la femme.

Je crois qu'il y aurait intérêt pour nous, en respectant les mœurs arabes, d'agir sur la femme par la femme.

Chez les peuples civilisés, et bien plus encore chez les peuples primitifs, c'est toujours en opérant sur l'esprit de la femme qu'on pénètre vraiment la famille.

Vouloir agir directement sur l'homme adulte est une tentative irrationnelle, dont les résultats pratiques sont nuls le plus souvent.

Coopérons à l'éducation de l'enfant en obtenant la confiance de la mère, en la visitant, en l'habituant à suivre nos directions.

En agissant ainsi, nous obtiendrons le résultat que nous cherchons depuis si longtgmps vainement à obtenir.

Pour que l'œuvre de M. Cambon soit complète il ne faut pas que le nouveau corps médical soit exclusivement composé d'hommes.

A côté du toubib, il y a la matrone ignorante et dangereuse qui seule conservera le privilège d'approcher la femme malade ; lui faire donner la même instruction qu'aux futurs médecins indigènes, par des femmes docteurs en médecine est indispensable. C'est le seul vrai moyen de hâter le progrès en pays musulman.

Si les observations contenues dans mon rapport et qui sont le résultat de mes travaux en Algérie peuvent faire naître des idées nouvelles et utiles, ce n'est pas à moi qu'en reviendra le mérite, mais bien à M. le Gouverneur général qui a bien voulu me confier cette mission.

Partie d'Alger le 4 mai 1895, j'arrivais à Constantine le lendemain et prenais mes dispositions pour mon voyage dans l'intérieur de la province.

Monsieur le Préfet Lascombes, duquel je reçus d'ailleurs l'accueil le plus empressé, ne me dissimula pas les difficultés matérielles que devait rencontrer l'accomplissement de ma tâche. « Quelles que soient, me dit-il, les mesures que j'ai pu prendre pour vous assurer la sécurité en cours de route, le voyage demeurera fatiguant, pénible à travers un pays de montagnes où les routes sont à peine tracées. Je ne sais, conclut-il, si vous pourrez aller jusqu'au bout. »

Le 8 mai, j'étais prête à partir ; je quittai Constantine me dirigeant sur Batna où j'arrivai à neuf heures du soir.

Batna, ma première étape, est une ville de médiocre importance et de création récente.

Au printemps, les jardins touffus et les allées d'arbres qui bordent les rues lui donnent un séduisant aspect de fête.

J'étais attendue par M. Dieudonné, le sous-préfet, et M. l'Administrateur de la commune mixte de l'Aurès qui prirent sans retard les mesures nécessaires pour me permettre de poursuivre ma mission.

C'est tout d'abord à la complaisance de M. Dieudonné que je dus de me procurer une femme interprète qui traduisit, en cours de route, le dialecte chaouïa, très différent de la langue arabe.

Ainsi était levée l'une des difficultés qui me préoccupait le plus ; en effet, les femmes chaouïas sont rarement en contact avec des Français, et il me fallait de toute nécessité un interprète féminin qui put converser librement avec les femmes que j'allais interroger et me rapporter fidèlement ses entretiens.

Mon interprète, jeune fille de dix-sept ans, est la fille

d'uu marabout d'El-Madher, sa mère est chaouïa ; elle a été élevée dans une ferme française où travaillait son père, et elle a fréquenté l'école du village pendant six à sept ans.

Elle m'a rendu les plus grands services, me traduisant exactement les réponses que faisaient les femmes à mes interrogations et m'apportant en outre le concours intelligent de ses soins auprès des malades que j'ai traités pendant ma tournée.

Elle vint me trouver à Batna le 10 mai, et le onze nous quittâmes cette ville à six heures du matin, nous dirigeant sur Lambèse, où l'administrateur de la commune a sa résidence.

M. Arippe, l'administrateur, voulut bien se joindre à nous et nous accompagner dans la première partie de la mission.

Je ne puis assez le remercier ici des facilités de toutes sortes qu'il s'est ingénié à me procurer ; grâce à ses ordres et à son active surveillance, j'ai pu, en plus d'une occasion, poursuivre sans entrave le cours de mes travaux.

Il avait fait avertir les cheicks des villages qu'une tebiba (femme médecin), allait les venir visiter, et que les malades pourraient demander ses soins.

Je note en passant que grâce à son altitude, Lambèze est favorisée par un climat exceptionnel; l'été y est très facilement supportable.

Déjà des femmes chaouïas avaient répondu à l'appel qui leur était fait et attendaient mon arrivée.

C'est dans un gourbi que je donne ma première consultation ; je vois des femmes et des enfants, j'en visite une vingtaine et donne mes soins à treize que je reconnais être effectivement malades.

Une femme porte une énorme tumeur du péritoine ; une autre se prétend enceinte depuis de longs mois, disant que son enfant dort dans son sein. Je la fis revenir de son erreur (1).

D'horribles gommes syphilitiques ayant détruit le nez ou siégeant sur la jambe, — une hernie ombilicale, — une tuberculose pulmonaire. — une rougeole, — des kérato-conjonctivites, — un cas d'anémie chez une jeune fille. Je n'avais pas encore de médicaments. Mon voyage devait être seulement un voyage d'études portant sur les maladies spéciales à la femme et sur les pratiques indigènes de l'accouchement, je ne prévoyais pas que j'aurais à donner des soins aussi variés que ceux que je fus appelée par la suite à prodiguer.

Accompagnée de M. Arripe et de mon interprète, je quitte Lambèse vers dix heures du matin, reprenant le breack qui nous avait amenés.

A onze heures, nous arrivons à l'oued Taza et nous nous arrêtons à la maison cantonnière pour prendre notre repas.

Avant de repartir, je visite un enfant syphilitique atteint de pemphizus, un autre atteint de malaria, type quarte, et un vieillard ayant une otite.

L'Oued Taza est situé dans une région essentiellement fiévreuse.

A midi, la voiture nous emporte sur le chemin d'Arris. A deux heures, nous arrivons aux Ouled Daoud ; une tente est dressée pour nous mettre à l'abri, car la pluie commence à tomber. Un superbe méchoui (2) nous attend ; nous nous empressons de lui faire honneur.

C'est là le point terminus de la route, d'ailleurs à peine carrossable ; il faut se résigner à prendre les

---

(1) Il est à remarquer que cette croyance est très répandue chez les indigènes et que nombre de fois on est obligé de les dissuader. Cette croyance vient de ce que la loi musulmane, ne voulant pas que l'enfant d'une femme divorcée qui est devenue enceinte en dehors du mariage soit privé de père, attribue la paternité au dernier époux. C'est ce qu'on appelle le « Bou-Reqoud », enfant qui dort dans le sein de la mère.

(2) Le méchoui est un mouton ou un agneau rôti entier sur un brasier en plein air et arrosé de beurre.

mulets, montures que nous devons abandonner seulement cinq semaines plus tard.

C'est sous une pluie fine et froide que nous nous engageons dans la vallée; six heures de marche nous amènent à Arris.

De loin on aperçoit l'hôpital que les missionnaires d'Afrique, les pères blancs, ont commencé à faire construire en 1893 après être venus s'installer au Bordj d'Arris, dans la vallée de l'oued El-Abiod, le 17 août de la même année.

Tout d'abord, on est à la fois étonné et surpris de trouver dans ces montagnes où ne s'élève aucune habitation européenne, une maison d'hospitalisation aussi vaste et d'une installation aussi complète.

Déjà les yeux se sont habitués à l'isolement de la région, les villages étant rares sur la route qui mène de Lambèse à Arris.

L'hôpital se compose de deux grandes salles pour les malades, de cabinets d'isolement pour les contagieux, du logement des sœurs, de la cuisine, de la chapelle. Un bâtiment isolé doit être construit pour le médecin qui sera, paraît-il, un indigène.

C'est le lendemain de notre arrivée, le dimanche 12 mai, que le R. P. Duval me fit visiter les différentes salles de l'hôpital. Elles ne sont pas encore complètement achevées, et cependant les sœurs doivent arriver le 12 juin, jour de l'inauguration projetée de l'hôpital.

Je me rends ensuite au Bordj où est établie la consultation que donne le R. P. Bouillon, et j'assiste à cette consultation.

Les femmes passent d'abord (1) ; un carcimone stomacal, une entérite, des douleurs rhumathoïdes, des gastrites, trois hernies ombilicales, un cas d'hystérie, du prurigo, de la malaria avec ses accès francs et dans sa

____

(1) Les femmes qui sont atteintes de maladies nécessitant plus qu'un examen sommaire restent seules avec moi. Les deux cas de métrite et de stérilité sont examinés dans la maison qui me sert d'habitation.

forme cachectique ; et plus nombreux encore les cas de syphilis avec ses gommes, ses manifestations cutanées, ses plaques muqueuses, etc., une métrite que j'examine, un cas de stérilité et un carcimone du sein.

Après midi, les hommes viennent à la consultation du R. P. Bouillon. C'est encore la syphilis qui domine et la malaria vient ensuite.

Dans ma journée, je vis 56 malades.

C'est à Arris que j'ai l'occasion d'interroger pour la première fois les femmes chaouïas sur les pratiques de l'accouchement, sur celles de l'avortement et sur la fréquence des maladies utérines, — toutes questions dont j'aurai occasion de parler plus tard.

Vers le soir, je visite les alentours de l'hôpital où coule un magnifique torrent aux eaux claires et limpides et dont la force est assez puissante pour actionner les roues des moulins chaouïas.

A la fin du jour j'assiste à l'un des plus beaux spectacles qui se puissent admirer : le soleil couchant sur la Marhadou (joue rose), et sur le Chélia, ce dernier réputé comme le plus haut sommet de toute l'Algérie.

Quel décor !

Une montagne couleur de feu dans toute sa partie supérieure, tandis que sur les bas flancs les teintes d'un bleu sombre dominent, mettant en vigueur l'embrasement du sommet.

Je ne crois pas qu'il soit possible de rêver plus éclatant, plus aveuglant triomphe de la couleur ; l'impression ressentie est inoubliable.

Le lendemain, 13 mai, à six heures et demie du matin, on nous amène nos mulets ; nous quittons Arris, gravissant péniblement les flancs du contrefort qui sépare la vallée de l'Oued-El-Abiod de celle de l'Oued-Abdi.

A neuf heures, nous franchissons le col où nous attend le cheick de Baali, et par une pente rapide nous atteignons, une demi-heure après, le village de ce nom.

Nous étions enfin dans cette pittoresque vallée de,

l'Oued-Abdi, que nous allions parcourir chaque jour plus émerveillés de ses sites et de la richesse que recèlent ses agréables jardins et sa verdure sans cesse renaissante.

On accède au village composé de gourbis bâtis en terre par une petite montée assez raide. Nous sommes fort bien accueillis et nous trouvons le café-maure transformé à notre intention en une salle tendue de melhafa (1).

Sur le sol mal nivelé du gourbi, des tapis ont été étendus. C'est là que je me repose et que nous prenons notre repas, composé de mets arabes offerts par le cheick, et de mets français préparés par le deïra (cavalier de la commune), qui nous sert de cuisinier.

Les femmes de Baali et celles des villages environnants sont accourues.

Je les visite sous la tente, dans le village.

Il est tout à fait impossible de maintenir leur impatience. Elles se pressent autour de moi, et malgré ma défense réitérée de ne pas pénétrer toutes ensemble sous la tente, elles l'envahissent, y répandant une odeur parfois insupportable.

Quarante femmes et enfants défilèrent devant mois ; vingt-et-une seulement furent reconnues véritablement malades.

Là, comme partout au cours de cette mission, je constate que c'est la syphilis qui m'apporte le plus nombreux contingent de malades. Acquise ou hériditaire, elle s'affirme par ses manifestations chez la femme adulte et chez l'enfant à la mamelle ; puis la malaria et les conjonctivites granuleuses.

Je reçois à Daali une visite inattendue.

La reine de l'Aurès est venue nous voir, non comme malade, mais en visiteuse, attirée par la curiosité de voir une femme médecin.

Elle est fort belle et il ne me paraît pas qu'elle soit de

____

(1) Pièce d'étoffe de six mètres de long, aux vives couleurs, et servant de vêtement aux femmes.

race chaouïa pure. Elle semble plutôt, si j'ose dire, être la fille d'une femme chaouïa et d'un européen.

D'une haute stature et d'un port très noble, elle a des épaules et des bras d'une ligne parfaite. La tête est remarquable et superbe, mais d'expression lassante par son impassibilité qu'on devine voulue et étudiée. Au bout de quelques instants il semble qu'on regarde une statue.

Son costume qui rappelle celui de toutes les femmes de l'Aurès, mais singulièrement plus riche, ajoute encore à sa beauté. Elle a la figure découverte, sa melhafa (robe) est rose crevette. Jeté sur ses épaules et tombant jusqu'au bas de sa robe, en arrière, un voile de crêpe noir.

Sa coiffure ne se distingue pas de celle des autres femmes. Un gros madras allongé dans le sens transversal recouvre les cheveux et supporte des bijoux d'argent composés de chaînettes se terminant en bas par des plaques de divers modèles, qui tombent de chaque côté du visage. Des boucles d'oreilles faites d'un anneau d'argent mesurant 10 centimètres de diamètre et se passant dans le lobule de l'oreille et dans la partie supérieure de la conque.

Des bracelets aux poignets et aux chevilles complètent la toilette.

Tous les bijoux des femmes de l'Aurès sont en argent ; et la femme pauvre comme la femme aisée, la femme jeune comme la femme vieille porte ces bijoux plus ou moins nombreux suivant leur condition.

La reine de l'Aurès (reine galante), a été mariée à douze ans à un cheik. Elle a ensuite divorcé pour se remarier deux fois. Maintenant elle est Azria (fille galante), condition qu'elle préfère sans doute aux précédentes, car elle a refusé plusieurs fois de prendre un quatrième mari.

A trois heures de l'après midi de ce même jour, M. Delpérier de Labruzerie, administrateur-adjoint vient me rejoindre et remplace M. Arippe qui rentre à Lambèse ; ce nouveau compagnon de voyage restera avec moi jusqu'à la fin de ma mission.

Après avoir été salués par les indigènes et accompagnés par le cheik, nous quittons Baali nous dirigeant vers Chir en suivant le fond de la vallée de l'Oued Abdi.

La reine de l'Aurès nous accompagne.

Nous suivons de petits sentiers parfois découverts, parfois très ombragés par les arbres fruitiers dont les branches s'échappent des jardins ; très souvent nos bêtes marchent dans l'eau, ou bien ont à suivre des pentes raides formées par de grosses pierres en escaliers.

Après quatre heures et demie d'une marche pénible nous arrivons à Chir. A sept heures et demie, la nuit est presque venue. Le cheik nous conduit dans le gourbi qui nous est préparé et dont l'aménagement ne laisse pas que d'être tout à fait pittoresque et confortable. Des tapis cachent les montants de bois qui soutiennent la terrasse ; des fleurs en gerbe sur une table où brûle des lampes au pétrole, ce qui gâte un peu la couleur locale ; mais l'ensemble n'en demeurera pas moins plaisant à l'œil.

Un excellent repas nous est servi et nous demandons à nous reposer des fatigues d'une journée bien remplie. Nous avions marché plus de sept heures à dos de mulet.

Le lendemain, 14 mai, ma consultation commencée dans la matinée dura jusqu'au soir.

J'avais reçu les médicaments commandés et je pouvais contenter ces pauvres malades auxquels on ne peut songer à délivrer des ordonnances. Ils sont tout à la la fois trop misérables et trop éloignés d'un centre où ils pourraient s'approvisionner de médicaments.

Je visite d'abord les enfants du cheik ; l'un est atteint de conjonctivite granuleuse, l'autre de paralysie infantile, un troisième de bronchite, un quatrième d'impétigo du cuir chevelu.

L'enfant du Bach-Adel atteint aussi d'impétigo.

Puis viennent les femmes : j'observe une métrite, des kérato-conjonctivites, des conjonctivites, des cataractes conjénitales et acquises, des hernies ombilicales. de la malaria, un spino-bifida, du rhumatisme, des bronchites, un kyste de l'ovaire et toujours la syphilis dont on ne saurait s'imaginer les ravages en ces régions.

Vers le soir je cède aux prières des hommes qui me demandent de bien vouloir les soigner.

Un petit garçon de onze ans se présente à moi avec le voile du palais à moitié détruit. Des hommes atteints de cataractes conjénitales, de gommes syphilitiques, d'otite, de ptéryzion et de granulations sont visités.

J'avais vu soixante-dix consultants et j'avais reconnu malades quarante-six femmes et enfants et sept hommes.

Pendant ce tempss ur la petite place située en contrebas de la tente où je donne mes consultations, un orchestre chaouïa entame, en signe de réjouissance, une musique plus originale qu'agréable.

C'est pendant cette journée que j'ai l'occasion de faire connaissance d'une matronne nommée Mekdour Hmama bent el Messaoud Amri.

Douée d'une vive intelligence, elle m'a donné de précieux renseignements sur la manière dont se pratique l'accouchement. C'est auprès d'elle que je contrôle ce qui m'en a été dit à Arris sur les maneuvres abortives.

Quand la femme est enceinte elle ne prend aucuns soins particuliers à son état, ni pour le ventre, ni pour les organes génitaux, ni pour les mamelles.

Elle continue à se livrer aux plus rudes travaux qui remplissent sa vie ordinaire ; car la femme chaouïa travaille aux champs, fait les provisions de bois, et porte sur son dos d'énormes fagots dont le poids la courbe en deux. C'est elle qui apporte au gourbi la provision d'eau ; elle encore qui vaque aux soins du ménage, d'ailleurs assez rudimentaire.

Chez la femme chaouïa, le ventre distendu et que rien ne soutient est presque toujours flétri lorsqu'elle a eu des enfants.

Il présente fréquemment des hernies ombilicales, conséquence de la distension de l'anneau ombilical.

Au terme de la grossesse, quand le travail se déclare, la parturiente est placée dans une position mi-allongée, mi-assise ; elle est soutenue en arrière par la matrone qui enlace son thorax de ses bras en passant sous les aisselles. Avec les pieds elle s'arcboute contre le sol, et afin de faciliter l'effort et de le produire plus considérable, elle tire sur une corde attachée à un des rondins de bois qui composent la partie supérieure du gourbi.

Quand la période d'expulsion arrive, la matrone placée en arrière de la parturiente, la secoue, afin, dit-elle que « l'expulsion se fasse plus rapidement. »

Quand l'accouchement est normal et qu'il doit se terminer favorablement, il se fait assez rapidement. Si l'expulsion tarde à se faire, on fait avaler du beurre fondu à la femme en douleurs, afin dit-on de « faciliter le glissement. »

Si, par le fait d'un excès de volume du fœtus ou par suite du rétrécissement du bassin, l'expulsion spontanée ne se fait pas, aucune intervention n'a lieu, la femme est abandonnée à la volonté de Dieu et elle meurt.

L'expulsion du placenta se fait immédiatement après celle du fœtus ; le cordon est coupé à quatre travers de doigt de l'ombilic et lié avec un cordon de laine ; on soupoudre ensuite la plaie avec de l'antimoine, il n'y a pas d'autre pansement.

Si l'expulsion spontanée du placenta ne se fait pas, aucune intervention manuelle n'a lieu.

Les procédés employés pour provoquer la contraction utérine nécessaire au décollement du placenta sont les suivants :

Le piment pilé est donné sous forme de prise, dans

le but de provoquer, à l'aide de l'éternuement, une contraction des muscles abdominaux, l'abaissement du diaphragme, l'irritation du muscle utérin, sa contraction, le décollement du placenta et son expulsion.

On introduit aussi parfois une corde de laine dans la gorge de l'accouchée. Il survient un effort de vomissement et le mécanisme précité se produit.

Ou bien encore, la femme est mise debout, le bassin fléchi sur les cuisses ; à l'aide d'un bâton auquel on imprime des mouvements de va et vient, on frotte la la partie inférieure du ventre, celle qui répond à l'utérus. Ce dernier système n'est en somme que l'application barbare du procédé qui, chez nous, consiste à irriter l'utérus par des frictions.

Si, malgré l'emploi de ces divers procédés, le placenta n'est pas expulsé on l'abandonne dans la cavité utérine.

Une hémorrhagie survient-elle, on fait prendre à l'accouchée une infusion de racine de grenadier.

Si ce traitement est insuffisant, ce qui est le cas général, on fait écrire par un taleb (savant), des versets du coran sur un carré de papier qui est ensuite suspendu au cou de la femme. C'est la suprême ressource et si l'hémorrhagie ne s'arrête pas spontanément, la femme est emportée.

Dans le cas où le placenta reste dans l'utérus, me dit la matrone, « il survient de l'odeur, le ventre de la femme enfle et elle meurt».

C'est la péritonite puerpérale·

« D'autre fois le ventre ne gonfle pas, il survient de la fièvre, il y a de l'odeur et la femme meurt plus ou moins longtemps après l'accouchement ».

C'est l'infection puerpérale.

Très rarement le placenta sort par morceaux et la femme peut se rétablir.

On conçoit que dans ces conditions, la femme étant toujours livrée au hasard des complications qui peuvent survenir, périt le plus souvent victime de l'ignorance de son entourage.

Il importe donc de combattre de telles pratiques.

Il ne faut plus que la maternité soit pour les femmes de ces régions un danger très souvent mortel, alors qu'une intervention intelligente, pourrait sauver à la fois l'accouchée et l'enfant qu'elle vient de mettre au monde.

Après l'expulsion des annexes fœtales, on ne procède à aucun lavage des parties génitales. La matrone saisit une des jambes de l'accouchée, place son pied sur les parties génitales externes de cette dernière et opère un mouvement de traction sur le membre inférieur ; elle s'arrête seulement au moment où un craquement se fait entendre.

Cette méthode est destinée, parait-il, à «remettre en place les os qui se sont déplacés pendant la grossesse» ; puis les cuisses de la femme sont rapprochées et du massage est fait sur toutes les parties du corps.

De larges cordons de laine sont posés autour du ventre, sur une hauteur de 10 à 15 centimètres.

Après l'accouchement la primipare garde le repos pendant sept jours, la multipare pendant cinq jours seulement.

Les soins qui sont donnés au nouveau-né sont les suivants : Enduit de beurre fondu avec du sel, il est mis au sein une heure environ après sa naissance, si l'état de la mère ne lui permet pas de l'allaiter, ce sont les femmes de la béchera (village), qui le nourrissent.

Vers deux mois on commence à lui donner du lait et de la semoule, à six mois il peut manger de la viande ; mais bien qu'il soit nourri par des aliments solides, l'allaitement se poursuit jusqu'à deux ans et parfois jusqu'à un âge plus avancé.

Les entérites sont fréquentes. La mortalité est grande chez les enfants.

La fille chaouïa est mariée vers douze ans, et, qu'elle soit nubile ou non, m'a-t-on affirmé à Ménaâ, elle subit les approches du mari.

Il ne s'en suivrait aucune conséquence fâcheuse ;

quelquefois seulement une hémorrhagie assez considérable se produit, due sans doute à une déchirure dépassant l'hymen et empiétant sur le périné ; mais elle n'en souffre pas et un mois après son mariage, la jeune femme « devient grasse comme une mule ».

Le plus souvent la grossesse arrive immédiatement.

J'interroge ensuite Mekdour Hmama bent el Messaoud Amri, la matrone, sur les divers procédés que les femmes emploient pour se faire avorter. Elle me répond tout d'abord qu'elle ne sait pas.

Je conçois la réserve que lui commande son caractère de quasi-médecin ; mais je ruse et je finis par avoir d'elle confirmation de ce qui m'a été dit à Arris et qui me sera répété à Menaà chez des Azrias qui sont celles qui se livrent le plus à la pratique de l'avortement.

L'avortement se pratique très fréquemment chez les femmes chaouïas, surtout chez celles qui habitent la vallée de l'Oued-Abdi, où les mœurs sont dissolues.

C'est dans le début de la grossesse que les femmes se font avorter. Elles disent qu'il n'y a pas crime à se débarrasser d'un enfant qui ne vit pas.

Pour provoquer l'avortement elles emploient différents moyens :

Elles absorbent de la poudre à canon, ou bien encore une substance appelée « zedje » et qui n'est autre que du sous-chlorure de mercure que viennent leur vendre les kabyles marchands qui parcourent la région. A la suite de l'absorption de cette substance, elles sont très malades ; tous les signes de l'empoisonnement par le sous-chlorure de mercure se manifestent et l'avortement ne tarde pas à se faire.

Un autre moyen qui, celui-ci, agit directemment sur l'utérus, consiste à établir un brasier sur lequel elles jettent des graines de piment. Le brasier est ensuite recouvert d'une sorte d'entonnoir à petite extrémité tournée en haut et qu'elles dirigent vers l'entrée du vagin en se plaçant au dessus.

Une forte congestion utérine est la conséquence d'un tel traitement, une hémorrhagie se fait entre l'utérus et l'œuf, puis le décollement de ce dernier et son expulsion.

Des cas de mort sont assez souvent la conséquence de ces manœuvres.

Elle survient soit par suite d'infection septique, soit par empoisonnement.

A Menaâ, le village qui vient après Chir, j'ai su qu'une toute jeune femme était morte après l'absorption d'une infusion de laurier-rose qu'elle avait prise après avoir vainement essayé les autres moyens habituels.

Je crois pouvoir affirmer que les maladies utérines sont rares chez les femmes de l'Aurès, d'après les témoignages que j'ai pu recueillir et d'après mes propres observations.

A quoi cela tient-il ?

Les mauvaises conditions dans lesquelles se font les accouchements, la fréquence des manœuvres abortives devraient les prédisposer plus que toutes les autres aux inflammations, aux déviations, en un mot à toutes les affections de l'appareil génital.

Il n'en est rien cependant.

Je n'ai observé que très peu de métrites, pas de salpingites, pas de vaginites.

J'attribue l'absence de ces maladies à l'état des parties génitales de l'homme. On ne trouve pas de blennorrhagie chez l'homme habitant les montagnes de l'Aurès d'une façon permanente, la maladie y est même inconnue ; or, nous savons combien redoutable pour les maladies de l'appareil génital est le gonacoque.

Chez les musulmans les ablutions sont imposées par la loi religieuse ; la verge, débarrassée des sécrétions, des souillures contenant un plus ou moins grand nombre de microbes n'apporte pas dans les voies génitales de la femme d'agents de contamination.

Je sais bien qu'on pourra m'objecter que les ablutions

peuvent se faire avec de la terre ou du sable, si l'eau n'est pas à la portée de celui qui doit les faire ; mais je parle ici de la région Aurasique, où l'eau est abondante et où elle est toujours employée.

Reste encore la question des métrites, des salpingites, reliquat des infections septiques, d'une mauvaise parturition.

Elles n'existent pour ainsi dire pas ou très rarement pour l'excellente raison que la mort est presque toujours la conséquence de l'infection puerpérale chez les femmes indigènes.

La mortalité des femmes en couches est grande. La mortalité des femmes atteintes d'infection puerpérale est presque constante.

Et comment pourrait-il en être autrement quand on voit qu'aucune intervention n'a lieu quand l'expulsion du fœtus ne se fait pas spontanément, qu'aucune intervention efficace ne vient au secours de la femme qui n'arrive pas naturellement à la délivrance complète ?

Ainsi que je l'ai déjà dit, on n'emploie jamais de manœuvres manuelles, et quand par une simple introduction de la main à la recherche du placenta une femme pourrait être sauvée, n'est-il pas déplorable de la voir succomber à cause de l'ignorance dans laquelle se trouve la matrone qui l'assiste ?

Une véritable question d'humanité se pose et j'y insiste.

Dans un pays qui est devenu le nôtre, toute une population demeure ignorante des bienfaits les plus essentiels de la science médicale. On dit qu'elle ne désire pas s'initier à nos mœurs, à nos usages, à nos coutumes parce que la religion met une barrière infranchissable entre eux et nous.

Peut-être ! mais n'est-il pas possible d'écarter toute idée de prosélytisme religieux et de respecter leur foi tout en leur apprenant à soulager leurs maux. C'est en se faisant résolument laïque pour pénétrer jusqu'à eux que la science évitera de les mettre en défiance. Apprenons-leur à se sauver de la maladie sans exiger d'eux une conversion en échange de médicaments.

Et, le jour où nous irons vers ces indigènes, leur affirmant et leur démontrant que nous respectons la religion qu'ils pratiquent, nous aurons la presque certitude de les voir se rallier à nos idées civilisatrices.

A côté de la question d'humanité vient se placer le grand intérêt qu'il y a pour nous à nous attacher les indigènes, à nous les assimiler.

Nombre d'hommes de haute valeur s'occupent depuis longtemps de cette importante question au point de vue de la colonisation.

Or, une remarque très judicieusement faite, établi que la femme arabe est peut-être plus réfractaire que l'homme à l'assimilation.

Il y a là une cause à rechercher.

Quand on a essayé de civiliser les indigènes, on s'est toujours adressé à l'élément masculin.

Bon nombre d'enfants ont été mis dans les écoles, on en a fait des médecins, des avocats, des officiers.

De la femme, on ne s'est jamais occupé !

Si on a tenté de le faire en créant des écoles, « l'œuvre n'a pu être continuée, dit M. le docteur Trolard, dans ses articles sur l'Algérie, parce que non surveillées, non subventionnées, ces écoles perdirent leur clientèle et furent abandonnées.

» Et cependant ajoute-t-il, vouloir amener les indigènes à notre civilisation et en même temps les isoler des colons, et laisser leurs femmes sans instruction est la plus grande des erreurs.

» Tant que la mère des enfants, celle qui donne à leur esprit les impressions si tenaces du premier âge sera maintenue dans la condition d'ignorance où nous la trouvons aujourd'hui, on ne peut espérer soit l'acclimatement de nos mœurs dans un milieu réfractaire, soit leur greffe sur les sauvageons de la barbarie. »

Et quel moyen plus puissant y aurait-il pour aider à l'assimilation que de placer auprès des femmes indigènes des femmes médecins qui apporteraient un soulagement à leurs souffrances et les initieraient progressivement à tous les bienfaits de notre civilisation.

Elles pourraient réunir à de certaines époques de l'année les matrones d'une région, les instruire, leur enseigner la pratique des accouchements, leur apprendre à soigner les petits enfants.

Les matrones porteraient à leur tour au sein du foyer arabe, surtout à la mère de famille, nos mœurs, nos habitudes, un commencement de progrès qui serait d'autant plus volontiers accepté qu'on s'adresserait aux misères les plus grandes, celles qui touchent le plus la créature humaine : la maladie.

Chez nous ne voit-on pas le médecin devenir l'ami de la famille ? ses idées, ses conseils ne sont-ils pas suivis même en dehors de son domaine technique ?

Personne n'ignore combien grande est son influence, précisément parce qu'il agit souvent sur l'esprit aux heures où la maladie a affaibli la volonté et rendu le tempéramment docile.

Faut-il ajouter que les indigènes ne permettent jamais aux médecins hommes de visiter les parties génitales de la femme.

Les femmes seules peuvent les soigner et qu'ainsi, comme l'affirme le lieutenant-colonel Villot, ancien chef du bureau arabe, pour les causes qui viennent d'être sommairement exposées, des femmes docteurs en médecine et connaissant la langue arabe pourraient en Algérie, rendre de grands services.

Les Anglais ont créé aux Indes des hôpitaux pour les femmes, toujours dirigés par des doctoresses ; mais ils mêlent à leur humanitarisme et à leur désir d'assimilation, une préoccupation de prozélytisme religieux.

Nous ferions mieux encore en Algérie si nous arrivions à pénétrer la vie intime indigène, sans chercher à lui imposer notre croyance.

C'est le seul vrai moyen de gaguer l'arabe à notre cause.

La matrone de Chir est une femme extraordinairement intelligente, fort considérée dans le pays où elle est consultée par le cadi dans bien des cas.

Elle a assisté à la consultation que j'ai donnée dans son village, et elle était la première à engager les femmes à se laisser examiner.

Je lui ai montré l'emploi du spéculum, de l'injecteur, lui expliquant que les injections d'eau bouillie et ramenée à la température de 40° 42° étaient employées dans les hémorrhagies utérines.

Je lui ai dit que nous allions à la recherche du placenta quand il restait dans l'utérus ; je lui ai démontré certaines de nos interventions dans le cas de non expulsion spontanée du fœtus. Elle comprenait et son étonnement était grand.

Mais combien plus utile eut été mon enseignement si à la démonstration j'avais pu joindre la pratique.

Malheureusement mon court séjour dans les montagnes de l'Aurès ne me l'a pas permis. Je suis certaine que cette matrone ferait en peu de temps une excellente sage-femme et qu'elle pourrait rendre ainsi d'inappréciables services à ses coreligionnaires ; mais comme les matrones ne viendront pas dans nos écoles, c'est par région qu'il faudrait les grouper et aller les instruire sur place, au début tout au moins.

Le 14, après notre dîner, le cheik nous fait prévenir que pour nous remercier la musique viendra jouer devant la porte de notre gourbi et qu'une femme dansera.

Le cheik, le cadi, le bachadel viennent s'asseoir près de nous.

Et la danse dure jusqu'à onze heures.

Le 15, à onze heures et demie, nous quittons Chir non sans nous rendre chez le cheik et avoir donné des soins à ses femmes.

Nous traversons la plus jolie partie de l'étroite vallée

de l'Oued Abdi, ayant à notre gauche des jardins et des jardins, encore plantés d'arbres fruitiers : abricotiers, grenadiers, figuiers, quelques plants de vigne.

Devant nous trois musiciens dont deux frappent sur un tambourin, alors que le troisième tire des sons d'une trompette en bois.

Nous arrivons à Menaà qui m'apparaît comme la capitale de l'Aurès, et tandis que nos mulets gravissent le sentier raide et difficile d'accès qui va des bords de la rivière dans Menaà même, je regarde ce curieux village, ces sortes de couloirs sous lesquels nous passons pour arriver sur une petite place, ces maisons bâties en terre, etc.

Vu de loin, Menaà a la forme d'un pain de sucre. C'est un rocher sur lequel a été bâti le village.

Tout en haut la mosquée construite, paraît-il, depuis des siècles ; des ruelles presque à pic mènent à la partie supérieure du village et il faut de véritables efforts des muscles du mollet pour les parcourir.

Menaà, par son originalité, par sa situation heureuse au milieu des jardins, laisse dans l'esprit un souvenir inoubliable.

A 600 mètres d'altitude, et au confluent de l'Oued Abdi et de l'Oued Bouzina, le village est pourvu de nombreuses sources.

Nous sommes reçus avec empressement, et déjà de nombreux malades de Nara, village situé sur un plateau qui vient aboutir à la première ligne des crètes de la rive gauche de l'Oued Abdi, sont venus à notre rencontre.

Les indigènes de Menaà m'ont manifesté une véritable sympathie. Ils sont bons et paraissent reconnaissants des soins qu'on leur donne. Je n'ai qu'à me louer d'eux, comme de tous ceux que j'ai vus pendant mon séjour dans les montagnes.

La dernière partie de la journée du 15 a été consacrée au repos.

Le lendemain, 16 mai, je commence ma consultation

par les femmes de Nara qui doivent s'en retourner chez elles.

Le 17, c'est encore les gens de Nara que je soigne.

Les trois journées du 18, du 19 et du 20 sont données aux habitants de Menaâ.

Dans les deux premières journées, j'avais donné des soins et des médicaments à 50 femmes et enfants et à huit hommes.

Dans les journées du 18, du 19 et du 20, soixante-dix-huit femmes et enfants malades reçurent des soins et des médicaments, ainsi que trente-trois hommes.

J'ai donc reconnu malades et soigné à Menaâ cent soixante-neuf indigènes, alors qu'un plus grand nombre est venu à ma consultation ; mais plusieurs n'étaient nullement atteints.

Tous les soirs on nous donnait le spectacle des danses ; c'était une façon de nous remercier et de nous prouver que les indigènes étaient heureux de notre présence parmi eux.

Les danses de l'Aurès sont très originales.

Le plus souvent la danseuse est isolée, parfois elles sont deux se tenant par la main. C'est un pas cadencé, une jambe légèrement fléchie, qui se fait en avant puis en arrière, sur un assez large espace. De temps en temps une sorte de spasme avec renversement de la tête et du corps en arrière.

La danseuse a toujours les paupières baissées, les yeux fixés sur la terre, attitude qui lui donne un air de fausse pudeur qui ajoute à son charme.

Les mouvements du bassin sont moins multiples que chez la femme arabe. Ils se font surtout d'arrière en avant et sont un peu voilés par la melhafa.

Les mœurs des habitants de Menaâ sont très dissolues ; c'est la ville de la prostitution que les hommes acceptent fort bien, du reste. Un air de gaîté règne sur tous les visages.

Comme dans tout l'Aurès, les femmes sont à peine vêtues. La melhafa est l'unique vêtement de dessus et de dessous, et l'on songe avec douleur, en les voyant ainsi, aux rigueurs de l'hiver.

Les enfants sont presque nus et les faibles ne doivent guère résister. L'hiver doit fa're aussi parmi eux une terrible sélection avant qu'ils n'atteignent l'âge de l'adolescence.

La femme chaouïa qui, je l'ai déjà dit, se marie vers douze ans, ne tarde pas à divorcer ; ou bien elle se marie, ou bien elle se livre à la prostitution ce qui ne l'empêche pas de se remarier ensuite.

J'ai vu des femmes ayant été mariées douze et quinze fois, être jeunes encore.

Menaà possède une école indigène qui est dirigée par un instituteur français.

Le cheick est un homme très intelligent qui m'a rendu bien des services pendant mon séjour dans le village.

A Menaà, j'ai contrôlé les renseignements qui m'avaient été fournis à Arris et à Chir. C'est là que j'ai interrogé des Azrias sur les pratiques de l'avortement et c'est sans difficulté que j'ai pu leur faire dire ce qu'on m'avait déjà dit sur les manœuvres abortives.

Si ces femmes parlaient, c'était à la condition d'être seulement en présence de mon interprète et de moi.

J'ai opéré à Menaà la sœur du cheick en ouvrant un trajet fistuleux de l'avant-bras, provenant d'un séquestre du cubitus. Malheureusement il eut fallu enlever ce séquestre pour tarir la suppuration et les aides me manquaient. J'ai engagé cette femme à venir à Batna, où j'aurais pu plus efficacement opérer ; mais son mari n'a pas voulu la laisser aller. Cette opération, pratiquée sans anesthésie, a été supportée sans un cri, sans un mouvement de la face exprimant la douleur.

Le 20, à 9 heures du matin, nous reprenons nos mules et après avoir été remerciés par les indigènes et particulièrement par les femmes qui me demandent de prolonger mon séjour, nous nous engageons dans le sentier qui doit nous conduire à l'oasis d'Amentane.

L'aspect du pays change complétement ; plus de verdure, des montagnes arides et nues.

Après 4 heures de marche, l'œil découvre avec une vive satisfaction, au fond d'une vallée, un bouquet de palmiers. C'est l'oasis d'Amentane.

Si la pente qui donne accès à Menaâ est difficile à gravir, plus difficile et surtout plus longue est celle qui nous descend à Amentane.

Amentane est le pays du rêve, en pieine solitude arabe. Des palmiers, des arbres fruitiers : figuiers, abricotiers, mûriers, balancent leurs branches sur le bord de la rivière. Déjà on remarque de légères différences dans le caractère des indigènes, dont le type tend à se rapprocher de celui de l'arabe du sud.

Là, comme à Daali, comme à Chir, à Menaâ, les malades des villages où je n'ai pu me rendre accourent pour me voir. Le 21, le 22 et le 23 je soigne cent six malades auxquels je délivre toujours des médicaments que je prépare à mesure que se fait la consultation.

Sur ces cent six malades, il y a 76 femmes et enfants et trente hommes, j'ouvre un phlegmon de la main,

Le 24 mai, très fatiguée, je me repose avant de reprendre ma route.

Le 25, à neuf heures du matin, nous quittons la dernière station de la commune mixte de l'Aurès pour entrer dans celle d'Aïn-Touta.

Le chemin qui nous conduit vers Djemora est parfois des plus pénibles. Des éboulements de pierres sur des sentiers étroits, très en pente, rendent la route dangereuse et nous devons laisser la bride sur le cou de nos mulets ; puis nous atteignons le bord de la rivière, la traversant mainte et mainte fois.

De distance en distance, des oasis avec leurs jardins. Ailleurs, des haies de lauriers-roses bordent le cour d'eau et tellement symétriques qu'on les dirait plantés par la main de l'homme.

Un système d'irrigation très primitif est employé

dans ces régions, pour amener l'eau d'un jardin occupant un des côtés de la rivière dans un autre jardin situé sur le côté opposé ; ce sont des branches d'arbres creusées qui jouent le rôle de canaux suspendus.

A une heure de l'après-midi, nous arrivons à Djemora, où le neveu du cheick nous reçoit en l'absence de ce dernier. Cet homme, d'une courtoisie toute française, parle parfaitement notre langue et nous fait, le soir, les honneurs de sa table dont le menu ne laisse rien à désirer.

Les malades de Djemora seront vus au retour de Biskra, d'abord parce qu'il ne me reste plus de médicaments et ensuite parce qu'ils n'ont pas été prévenus par l'administrateur qui, lui-même, ignore mon passage dans sa commune.

Je me borne à vacciner une douzaine d'enfants avec le vaccin que je viens de recevoir de l'institut Pasteur d'Alger.

Djemora est une oasis entourée de montagnes assez éloignées et nues ; c'est une région essentiellement fiévreuse et peu agréable.

Le lendemain, 26 mai, à huit heures et demie du matin, nous quittons Djemora.

Le temps est sombre et la pluie menace ; nous poursuivons néanmoins notre route. Le sentier que nous suivons est tracé dans une terre de désolation : pas de végétation ; de loin en loin un bouquet de lauriers-roses dans le lit de la rivière qui est à sec sur sa plus grande étendue ; parfois pourtant une large flaque d'eau semble sortir de dessous terre ; on me dit que la rivière est souterraine et qu'elle jaillit ainsi par endroits.

Après une demi-heure de marche, la pluie commence à tomber ; nous avançons toujours ; il fait froid et le vent souffle avec une violence telle qu'il est presque impossible de se couvrir avec les manteaux que le vent arrache.

Une heure après notre départ nous étions sous une pluie diluvienne ; nos bêtes avançaient avec peine, et l'on ne voyait pas devant soi. Pas un arbre, pas un gourbi, pas un repli de terrain sous lequel nous puissions trouver un asile. Nous étions trempés ! La gaieté qui n'avait cessé de régner parmi nous avait fait place au mécontentement.

Des derniers mamelons nous apercevons enfin El-Outaya, et nous reprenons courage ; mais il se passera bien deux heures avant de l'atteindre.

A une heure de l'après-midi, nous entrons au bordj, heureux de penser que nous allons pouvoir nous sécher et nous chauffer un peu.

Le soir du même jour, l'administrateur-adjoint qui m'accompagne et qui est déjà très faible de santé, tombe malade. Sous la pluie, il a contracté une bronchite qu'il gardera quelques jours.

El-Outaya, qui veut dire la plaine, est situé sur la ligne du chemin de fer de Batna à Biskra. C'est une oasis avec de nombreux palmiers.

C'est là que se trouve la montagne de sel que les touristes viennent visiter.

Nous couchons au bordj et le lendemain, accompagnée de mon interprète chaoüïa, je prends le train qui me mènera à Biskra. Aussitôt arrivée, je me rends chez l'Agha Ben Gana qui, très aimable, nous invite pour le lendemain soir à dîner.

Le 28, je donne une consultation aux femmes de l'Agha et de ses deux frères Mohamed, le caïd de Tuggurt et Hamida, et le soir, en compagnie de Mlle Taïeb, mon interprète, et de l'administrateur-adjoint qui est venu me rejoindre, je reçois de Ben Gana la plus gracieuse hospitalité. Il pousse l'amabilité jusqu'à mettre une voiture à notre disposition pour visiter, le lendemain, les environs de la ville.

La façon généreuse et somptueuse dont on est reçu dans la maison de l'Agha est d'ailleurs proverbiale dans la région.

C'est ici que j'ai quelques renseignements sur la présence de missionnaires anglaises dans le Sud. Ils m'ont été fournis par des officiers qui en avaient vues à Tuggurt. J'ai appris là que l'année dernière une étudiante étrangère à nos facultés était venue à Biskra et s'était fort intéressée au sort des femmes indigènes, comme j'apprendrai à mon retour à Constantine qu'un couple anglais soigne les femmes et les petits enfants arabes et qu'il est très aimé dans la ville.

Le 31 au matin nous nous disposons à partir, mais mon interprète, peu habituée à voyager, n'est pas au rendez-vous indiqué et nous fait manquer le train. C'est donc le premier juin seulement que nous retournons à El-Outaya, munis de quelques nouveaux médicaments.

Je vois une trentaine de consultants parmi lesquels j'en reconnais 18 malades, 10 femmes et enfants et 8 hommes. Deux femmes dans un état de grossesse assez avancée sont atteintes de syphilis. Chez un enfant de douze ans, j'observe une tumeur bosselée de de la rate qui occupe le côté gauche du ventre et descend jusque dans la fosse iliaque ; une perforation du voile du palais chez un enfant de dix ans ; de la malaria, des affections oculaires, etc., etc.

Le lendemain, deux juin, je visite les femmes et les parentes du cheick et celles de Ben Dris.

A El-Outaya, j'ai vu trois affections utérines dans la même famille ; des métrites avec rétroversions et abaissement, affection ayant entraîné la stérilité après une première grossesse. Et le mari de ces femmes était un homme ayant voyagé et certainement il n'avait pas dû être indemne de blennorrhagie.

Dans ces deux familles j'ai vu douze femmes.

Mon interprète, à son tour, tombe malade ; elle a de la fièvre et des douleurs de ventre ; je crois à un simple accès de malaria, je lui fait prendre de la quinine et le trois juin, à 3 heures de l'après-midi, nous nous mettons en route, voulant atteindre Djemora avant la nuit,

Après une marche très fatigante, nos mulets atteignent Djemora, à 9 heures.

Le lendemain matin les consultants sont au nombre

de vingt-neuf environ ; j'en reconnais dix-neuf malades, dont douze femmes et enfants. Parmi ces derniers, une fillette très intéressante présentant une soudure complète de la conjonctive oculaire.

Mon interprète est toujours malade ; c'est une légère fièvre typhoïde dont elle souffre et qu'elle a dû contracter à Biskra par les eaux dont elle buvait sans modération.

Le mardi 4 juin, à 4 heures de l'après-midi, nous disons adieu au cheick de Djemora, pour revenir sur Amentane, où nous arrivons à neuf heures du soir.

Le mercredi 5 juin, je vaccine neuf enfants, je revois le phlegmon de la main que j'avais ouvert à mon précédent séjour ; il ne reste plus rien qu'un peu de raideur des articulations des phalanges. Je fais le pansement d'une plaie de la jambe avec des bandelettes de Vigo. Je vois une scoliose, six affections oculaires ; kérato-conjonctivites, deux fièvres palustres et une gomme syphilitique non ouverte.

Un des indigènes m'a prouvé à Amentane combien ces gens sont susceptibles de reconnaissance. J'avais soigné ses yeux, j'avais vacciné son enfant et en me remerciant il insistait très vivement pour que je lui laisse mon adresse afin, disait-il, de m'envoyer des dattes l'hiver prochain. Ce sentiment m'a fait le plus grand plaisir et m'a certainement récompensée des soins que j'avais donnés à cet homme.

Le 6 juin, je quitte Amentane, non sans regret. Cette oasis, avec sa solitude, son silence profond, ses indigènes pauvres hères, dociles aux conseils, tout dans ce pays de naïveté m'enchante et m'attire et je quitte à regret ces montagnes pour retourner dans le pays de la civilisation.

Le 6, le 7, et 8 juin nous demeurons à Menaà afin de laisser reposer mon interprète qui souffre toujours de sa fièvre et M. de Labruzerie qui se remet à peine de sa bronchite.

C'est à ce moment que je revois la sœur du cheick

à laquelle j'ai ouvert les trajets fistuleux de l'avant-bras et que je cherche à l'emmener à Batna pour lui enlever son séquestre ; mais je n'arrive pas à vaincre la résistance du mari qui ne veut pas qu'elle quitte le village.

En quittant Menaà nous changeons notre direction première ; nous prenons à neuf heures du matin le chemin de Tagoust, village dont le territoire est arrosé par l'Oued Bouzina, affluent de l'Oued-Abdi.

Les habitants vivent principalement du produit de l'élevage du bétail. Nous arrivons au village à dix heures trois quarts ; nous quittons nos montures pour prendre une tasse de café qui nous est offerte dans le café maure. A onze heures nous nous remettons en selle et à midi et demie nous sommes à Oum-el-Rekha, village formant avec Tagoust une section.

Nous déjeunons et je me rends dans la famille du cheick, où je donne des conseils à une demi-douzaine de femmes, parmi elles je vois une scoliose.

A quatre heures, nous reprenons nos mulets et par des sentiers très pénibles, nous gagnons Bouzina où nous arrivons à sept heures du soir.

Dans cette journée nous avions fait six heures et demie de marche à dos de mulet.

Bouzina, qui a une altitude de 900 mètres environ, tire son nom de la source au dessus de laquelle le village est construit, source qui donne naissance à l'Oued Bouzina, dont le cours est torrentueux près de sa source. L'eau est claire et limpide, très potable.

Les bords de la rivière sont plantés d'arbres fruitiers, parmi lesquels de magnifiques noyers. Ce sont ces plantations d'arbres fruitiers qui constituent comme à Chir, à Menaà, les ressources du pays. En suivant le bord de la rivière on voit de belles cascades.

L'eau semble sortir de tous côtés de la terre.

La température est excellente et bien que nous soyions à la mi-juin, la fraîcheur est telle dans la soirée qu'il nous est difficile de rester dehors.

Le onze juin, je donne ma première consultation à Bouzina. Je commence par les gens de Larbàa, village très pauvre à quelques kilomètres de Bouzina.

Je reconnais 16 malades : onze femmes et enfants et cinq hommes. Des enfants atteints d'entérite, une jeune fille atteinte d'anémie profonde, une femme ayant le voile du palais presque entièrement détruit, une destruction complète du nez. Des fibromes multiples de la peau, de la malaria, une cataracte double, des affections oculaires, etc.

Je dois faire remarquer que dans l'Aurès, c'est surtout la fièvre quarte que j'ai rencontrée ; que la proportion des fièvres palustres est grande dans le nombre des maladies que j'ai eu à soigner, et cependant nous n'étions pas à l'époque où la malaria sévit plus particulièrement : automne.

Sur les cinq hommes que j'ai soigné, cinq sont atteints de syphilis.

Le 12, je vois vingt et un malades : 14 femmes et enfants et 7 hommes ; des ptérygions, très nombreux dans la région de l'Aurès, un cancer du sein, des gastrites, de la malaria, des granulations.

Le 13 juin, trente et un malades reçoivent mes soins, 22 femmes et enfants, 9 hommes. Deux goîtres, deux kystes synoviaux, un cas d'ostéomyélite, des kérato-conjonctivites, des cataractes, des gastrites, des gommes syphilitiques, etc.

J'étais ce jour là à ma consultation, lorsqu'un indigène vint me dire « qu'il était de Chir et qu'il venait à Bouzina, pour me demander du médicament que j'avais donné à son fils ; que la mère du petit avait remarqué qu'il allait beaucoup mieux, qu'il était presque guéri, mais que la provision que je lui avait donnée était épuisée ; que je veuille donc lui en délivrer une nouvelle ». C'était un mélange d'iodure de potassium et de bichlorure de mercure.

Malheureusement, les malades de Bouzina avaient eu tout ce qui me restait en médicaments et je dus le lui dire. Il me pria alors de lui faire une ordonnance pour le pharmacien de Batna.

Si je rapporte ce fait qui peut sembler banal, c'est pour montrer que cet homme, ayant compris l'efficacité du traitement, se décidait à une démarche, sans doute nouvelle pour lui : Il allait se rendre chez un pharmacien.

Le 14 juin, à dix du matin, nous partons pour Sgag, qui doit être notre dernière étape.

La forêt de Sgag, est peuplée par des cèdres.

Elle part de Larbaâ, passe par la ligne de partage des eaux et se continue dans le versant tellien sur la rive gauche de l'Oued Abdi.

Après avoir traversé une partie de la forêt nous arrivons à la maison du garde.

Le lendemain, samedi 15 juin, je visite les derniers malades que je verrai dans ma mission.

Le nombre en sera restreint parce que je n'ai plus de médicaments.

Quinze malades seulement sont vus ; six femmes et enfants, neuf hommes : une gastro-entérite, des manifestations syphilitiques du larynx, une énorme gomme de la fesse. Chez une femme enceinte, un ptérygion, une dacryocystite, un lumbago, une névralgie intercostale, deux conjonctivites granuleuses, des accidents de la dentition chez un enfant, une gomme de la jambe, un épithélioma de l'aile du nez, de l'impétigo du cuir chevelu, une malaria, une arthrite du genou survenue à la suite d'une chute.

Le 16, nous quittons Sgag pour rentrer à Lambèse.

Ma mission était terminée et j'étais restée cinq semaines dans les montagnes de l'Aurès.

CONCLUSIONS MÉDICALES

De ce rapide compte-rendu de mission, au point de

vue médical, il ressort que les maladies sont nombreuses chez les indigènes des montagnes de l'Aurès.

La syphilis règne sur presque tous les sujets, acquise ou héréditaire.

La malaria sévit avec intensité, les cas observés pendant le cours de la mission sont nombreux et il est à remarquer que le printemps n'est pas l'époque où elle se montre plus particulièrement. C'est surtout à l'automne, qu'elle subit une recrudescence. Le type quarte est le plus fréquent.

Les accouchements se font par les seules lois de la nature ; aucune intervention intelligente et efficace n'a lieu, quand une complication survient ; par suite, la mortalité des femmes en couches est grande.

L'enfant, dans le premier âge, ne reçoit aucun soin parce que l'ignorance de la mère et des matrones, ne leur permet pas de lui apporter les secours nécessaires quand il est atteint par la maladie. Un grand nombre d'entre eux succombent et la sélection est terrible.

Les maladies utérines sont rares, parce que la blennorrhagie n'existe pour ainsi dire pas et que le gouvenque, grand facteur des affections ressortissant à la gynécologie n'est pas importé dans les voies génitales de la femme.

Les métrites à streptocoques, reliquat d'une infection puerpérale sont rares aussi, parce que les femmes atteintes par les accidents de la puerpéralité meurent presque fatalement.

L'avortement se pratique sans aucune retenue chez les femmes de l'Aurès qui ne le considèrent pas comme un crime, quand il est provoqué dans les premiers mois de la grossesse.

Il est la conséquence des mœurs dissolues de la région.

Les affections oculaires, la *conjonctivite* avec tous ses retentissements sur la cornée est la plus fréquente.

Nombreux sont aussi les ptérygions et les cataractes congénitales et acquises.

NATURE DES MALADIES

LAMBÈSE · OUED-TAZA · ARRIS · BAALI

NATURE DES MALADIES	LAMBÈSE		OUED-TAZA		ARRIS		BAALI	
	E. F.	M.	E. F.	M.	E. F.	M.	E. F.	M.
Conjonctivite							1	
Kerato-conjonctivite	2						1	
Kératite						2		
Blépharite								
Blépharo-conjonctivite								
Taies de la cornée								
Ptérygion								
Staphylome								
Trichiasis								
Amaurose								
Cataracte								
Dacryocystite								
Soudure des conjonctives								
Rougeole	1		1		5	5	2	
Malaria (accès)	1		1		2			
Malaria (cachexie)					14	15	12	
Syphilis	3	1						
Anémie	1				3			
Hernie ombilicale	1							
Métrite								
Goître								
Spina-bifida								
Phlegmon de la main								
Luxation de la mâchoire								
Leucocythémie								
Tremblement sénile								
Chorée							1	
Bronchite								
Arthrite du genou								
Scoliose								
Hystérie					1			
Entérite					1		1	
Gastrite					1			
Stérilité								
Ostéomyélite								
Affection cardiaque								
Fistules urineuses								
Hémorrhoïdes								
Néphrite								
Cancer — stomacal					1			
Cancer — du sein								
Cancer — paupière supérieure								
Cancer — du nez et de la face								
Tuberculose — pulmonaire	1							
Tuberculose — des os					1			
Tuberculose — intestinale								
Tuberculose — de l'urethre								
Tumeurs — du foie								
Tumeurs — de la rate								
Tumeurs — de l'ovaire								
Tumeurs — de l'estomac								
Tumeurs — du péritoine	1							
Fibromes multiples de la peau								
Amygdalite								
Douleurs rhumatoïdes								
Teigne								
Impétigo du cuir chevelu							2	
Otite	1							
Paralysie infantile								
Plaies par blessure								
Névralgie intercostale								
Kyste synovial								
Lumbago								

CHIR · NABA et MENAA · AMENTANE · DJEMORA

NATURE DES MALADIES	CHIR		NABA et MENAA		AMENTANE		DJEMORA	
	E. F.	M.	E. F.	M.	E. F.	M.	E. F.	M.
Conjonctivite	4		28	4	14	1	4	
Kerato-conjonctivite	5		10	2	4		1	
Kératite	1	1	1	3	2			
Blépharite		1						
Blépharo-conjonctivite			3					
Taies de la cornée		3				5		
Ptérygion			2		2			
Staphylome					3			
Trichiasis			1					
Amaurose	1	1	4	2				
Cataracte								
Dacryocystite							1	
Soudure des conjonctives								
Rougeole	6		6	3	14	4	2	3
Malaria (accès)	1		3	1	2		2	1
Malaria (cachexie)	7	2	15	13	9	17		2
Syphilis	2		1		2			
Anémie	2		4		2			
Hernie ombilicale	1		3					
Métrite	1		1					
Goître								
Spina-bifida			1					
Phlegmon de la main			1					
Luxation de la mâchoire			1					
Leucocythémie					1			
Tremblement sénile								
Chorée	3		4		4			
Bronchite		1	4					
Arthrite du genou								
Scoliose								
Hystérie	1		4		2			
Entérite	2		13		6			
Gastrite								
Stérilité			1					
Ostéomyélite					2			
Affection cardiaque			1		1			
Fistules urineuses					1			
Hémorrhoïdes			1		1			
Néphrite			1		1			
Cancer — stomacal								
Cancer — du sein			1					
Cancer — paupière supérieure								
Cancer — du nez et de la face			1		1			1
Tuberculose — pulmonaire			1					
Tuberculose — des os			1					
Tuberculose — intestinale			1					
Tuberculose — de l'urethre					1			
Tumeurs — du foie								
Tumeurs — de la rate			1					
Tumeurs — de l'ovaire								
Tumeurs — de l'estomac			1					
Tumeurs — du péritoine								
Fibromes multiples de la peau								
Amygdalite	1		11	1	3		1	
Douleurs rhumatoïdes	2		2					
Teigne	2		2	1	1		1	
Impétigo du cuir chevelu	3		3		1			
Otite	1		1		1		1	
Paralysie infantile	1		1		1			
Plaies par blessure					1			
Névralgie intercostale								
Kyste synovial								
Lumbago								

EL-OUTAYA · TAGOUST · LARBAA et BOUZINA · SGAG

NATURE DES MALADIES	EL-OUTAYA		TAGOUST		LARBAA et BOUZINA		SGAG	
	E. F.	M.	E. F.	M.	E. F.	M.	E. F.	M.
Conjonctivite	3				11	2	1	1
Kerato-conjonctivite	1				4	1		1
Kératite	1				2			
Blépharite					1			
Blépharo-conjonctivite								1
Taies de la cornée			1		1			1
Ptérygion					2	1		
Staphylome								
Trichiasis			1			1		
Amaurose					1	3		1
Cataracte								1
Dacryocystite	1							
Soudure des conjonctives								
Rougeole	1	1			2	2		1
Malaria (accès)					1	1		1
Malaria (cachexie)	3	5	2		4	7	2	1
Syphilis					1			
Anémie								
Hernie ombilicale	3				1	1		
Métrite					1			
Goître								
Spina-bifida								
Phlegmon de la main								
Luxation de la mâchoire								
Leucocythémie								
Tremblement sénile								
Chorée								1
Bronchite	1		1					
Arthrite du genou			1					
Scoliose								
Hystérie			2		3		1	
Entérite					5			
Gastrite					1			
Stérilité								
Ostéomyélite					1			
Affection cardiaque								
Fistules urineuses								
Hémorrhoïdes								
Néphrite					1			
Cancer — stomacal								
Cancer — du sein								
Cancer — paupière supérieure								1
Cancer — du nez et de la face								
Tuberculose — pulmonaire								
Tuberculose — des os								
Tuberculose — intestinale								
Tuberculose — de l'urethre								
Tumeurs — du foie			2					
Tumeurs — de la rate								
Tumeurs — de l'ovaire								
Tumeurs — de l'estomac								
Tumeurs — du péritoine					1			
Fibromes multiples de la peau								
Amygdalite	1				2			1
Douleurs rhumatoïdes	3				1			
Teigne					1		1	
Impétigo du cuir chevelu	1				1			
Otite	1							
Paralysie infantile								
Plaies par blessure		1						1
Névralgie intercostale					3			
Kyste synovial								1
Lumbago								1

247